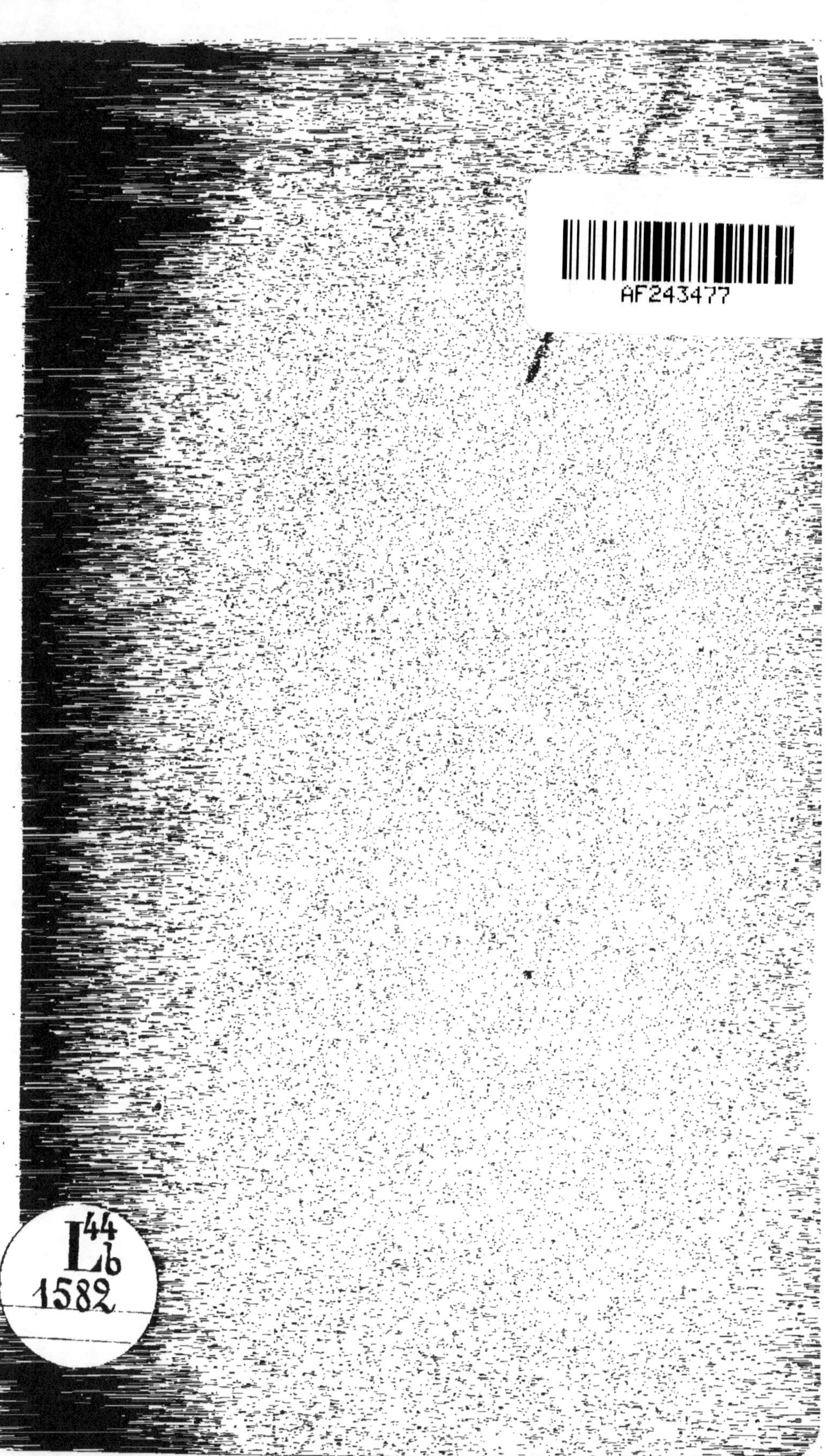

NOTES

SUR

LA FORTIFICATION

DICTÉES

PAR NAPOLÉON

A SAINTE-HÉLÈNE

BERGER-LEVRAULT & Cie, ÉDITEURS

PARIS | NANCY
5, RUE DES BEAUX-ARTS | 18, RUE DES GLACIS

1897

NOTES

sur

LA FORTIFICATION

(*Extrait de la* Revue du Génie militaire, *juillet 1897*)

NOTES

SUR

LA FORTIFICATION

DICTÉES

PAR NAPOLÉON

A SAINTE-HÉLÈNE

BERGER-LEVRAULT & Cie, ÉDITEURS

PARIS	NANCY
5, RUE DES BEAUX-ARTS	18, RUE DES GLACIS

1897

NOTES

SUR

LA FORTIFICATION

DICTÉES PAR NAPOLÉON A SAINTE-HÉLÈNE

On sait combien furent occupés les loisirs qu'imposa l'Europe à Napoléon Ier. Sur son rocher de Sainte-Hélène, il dicta de nombreuses études, consacrées à l'histoire, à la stratégie, à l'artillerie, et aussi à des questions avec lesquelles il aurait eu le droit de n'être pas également familier. Une note sur la fortification passagère a été insérée dans l'édition de ses œuvres (*Correspondance*, in-4°, t. XXXI); mais on ignorait jusqu'à présent qu'il eût abordé de même la fortification permanente. C'est ce qui résulte cependant des notes inédites que nous publions ci-après, et dans lesquelles on verra l'Empereur traiter les questions les plus spéciales et les discuter avec compétence.

Ces notes, dictées à Gourgaud, étaient restées dans des papiers de famille où elles ont été récemment découvertes par M. le vicomte de Grouchy, qui a bien voulu les mettre à la disposition de la *Revue du génie*. Nous lui en exprimons nos plus vifs remerciements. *(La Rédaction.)*

Premiers jours de décembre 1816.

I. Notes sur le système de fortifications de M. Carnot, appelé système a retours offensifs (*a*).

Ce système : 1° supprime le glacis, le chemin couvert, la contre-escarpe ; il donne au fossé une pente vers la campagne ; 2° il construit une casemate à la gorge des bastions, mais cette casemate ne domine pas le bastion, parce qu'alors elle serait vue de la campagne, elle est armée de bouches à feu pour tirer à feux courbes ; 3° il isole l'escarpe des terres de manière qu'il y a en arrière un chemin des rondes ; elle est toute crénelée ; 4° il ne donne pour maximum de profondeur à son fossé que douze pieds, il trouve les terres suffisantes à son remblai par la suppression du glacis, par la profondeur du fossé. D'après le nouveau système, la place a trois enceintes : la première, formée par des contre-gardes et couvre-faces, la seconde, d'une ligne bastionnée, la troisième, d'une enceinte qu'il appelle retranchement général, qui domine les deux premières enceintes et se rattache aux batteries casematées établies vis-à-vis les gorges des bastions ; 5° la contregarde n'a pas d'escarpe, la seconde enceinte n'a que 12 pieds d'escarpe sur les courtines, et 24 sur les bastions. La troisième enceinte a une escarpe de 36 pieds partout, elle a 9 pieds d'épaisseur à la partie circulaire ou derrière les bastions, et 6 pieds partout ailleurs.

Selon l'auteur, les avantages de ce système sont ceux-ci : 1° comparé au système de Cormontaingne, il présente quelques économies dans la construction ; il a sur la campagne un commandement de 12 ou 15 pieds de plus que celui de Cormontaingne ; 2° il donne la facilité de recevoir des secours et de faire des sorties sans aucun embarras ; 3° il procure une grande économie de bois, n'ayant pas de palissades ni de barrières ; 4° la brèche faite à l'escarpe ne nuit point aux batteries du bastion et n'entraîne pas l'éboulement du parapet ; 5° la faculté de soutenir l'assaut ou le retranchement solide qui est en arrière et où l'on peut capituler.

*
* *

On peut répondre à l'auteur :

1° L'économie est douteuse, car, puisque l'auteur établit en principe qu'une escarpe de 12 pieds aux courtines et

de 24 aux courtines est suffisante, en réduisant l'escarpe
de Cormontaingne aux mêmes dimensions, l'économie sera
pour ce dernier système et si on en ôte le glacis, le chemin couvert, la contre-escarpe que M. Carnot croit inu-
tiles, l'économie serait bien plus grande encore.

2° Le commandement qu'obtient l'auteur vient de ce
qu'il ne s'élève qu'à 12 pieds au-dessus du fossé et qu'en
conséquence il élève ses niveaux de ligne magistrale de
24. Cormontaingne peut faire autant et, dès lors, il aurait même commandement, mais on a jugé que 24 pieds
d'escarpe ou un demi-revêtement n'étaient pas suffisants,
et Carnot en convient lui-même, puisqu'il reproche à Cormontaingne de n'avoir porté son escarpe qu'à 32 pieds et
qu'il porte celle de son retranchement général à 36. De
là, nécessité de s'enfoncer davantage.

3° Les entrées de secours et les sorties sont toutes en
faveur de Cormontaingne : les entrées et les sorties ne se
font pas par les pas-de-souris ou les rampes des contre-
escarpes, elles se font en entrant dans le chemin couvert
par les fronts latéraux. Si un secours composé d'infanterie,
d'artillerie, de cavalerie se présente devant la place, il
n'y entrera pas par le front attaqué, mais par ceux latéraux. A peine entré dans le chemin couvert, il le longera
pour entrer par tous les ponts des demi-lunes. Aussitôt
derrière le chemin couvert, il est à l'abri de tous les feux
de l'ennemi. On agit de même pour sortir. Dans les plus
grandes places, il est difficile de s'opposer à une sortie de
4 à 5 000 hommes, qui, organisée en quatre ou cinq colonnes, se forme dans les demi-lunes, les places d'armes
rentrantes et débouche par les barrières ; il n'y a aucune
espèce d'embarras. Le retour s'opère de même sous la protection des feux de la place. Pour les petites sorties, telles
que celles qui sont véritablement utiles et meurtrières, lors
de la défense rapprochée, les pas-de-souris, les rampes
conduisant dans les places d'armes et le long du chemin
couvert, là les hommes sont à l'abri. Toutes les instruc-

tions de détail pour les petites colonnes qui doivent déboucher sur les travaux de l'ennemi sont faites de sang-froid et aussi près qu'il est possible de l'ennemi. Rentré dans le chemin couvert, le soldat y fait ferme ou se jette dans les places d'armes rentrantes et derrière les traverses.

Le fossé à contre-pente présente une foule d'inconvénients. Il est impossible aux soldats de la garnison de se réunir dans ce fossé, car on n'y serait pas à couvert. Si c'est sur le front attaqué, c'est là qu'arrivent les boulets, soit par ricochets, soit ceux qui manquent le rempart, et, aussitôt que l'assiégeant s'apercevrait que l'assiégé se forme dans ce fossé pour faire une sortie, les obus, les boulets y pleuvraient de tous les côtés. C'est une grande erreur que de penser qu'on soit à couvert du feu et des boulets par la différence du niveau du terrain : cela n'y fait rien. On n'est à couvert que par la rapidité de la pente s'approchant plus de la verticale que de la partie descendante de la trajectoire. Un canonnier adroit tirera aussi exactement au fond du fossé à contre-pente que sur la crête du glacis, aussitôt qu'il aura jugé selon la distance qu'il doit tirer à tant de pieds plus bas, ou à moindre charge. On ne serait pas même à l'abri dans les batteries : le poste le plus dangereux est en arrière des flasques, plus on s'approche du parapet, plus on est couvert. On est couvert dans le chemin couvert, parce que l'on se tient tout contre l'épaulement. Le secours une fois arrivé dans le fossé à contre-pente, il faut qu'il entre dans la place, il ne peut y entrer que par des poternes ; il faut suivre ce fossé jusqu'à ces issues, il est tout aussi simple d'y entrer par les ponts des demi-lunes.

4º L'économie des bois est nulle, car dans le système de Cormontaingne, il n'y a qu'à ne pas palissader le chemin couvert, il aura encore presque toute sa force et, comme dans le système de Carnot il n'y a ni chemin couvert, ni palissade, le système de Cormontaingne serait encore plus fort, même sans palissades; quant aux barrières, il en faut dans tous les systèmes. Il suffit de dire qu'il serait plus avantageux d'avoir dans les places une grande quantité de palissades pour les porter sur les points nécessaires, que d'en palissader uniformément toute la place.

5° La brèche à l'escarpe isolée sera faite beaucoup plus tôt que celle à faire au rempart. Mais enfin, dit-on, la brèche faite à l'escarpe isolée, le terre-plein, les batteries, etc., resteront intacts. Lorsque la brèche sera faite à l'escarpe isolée, il n'y aura plus rien à faire, on aura ouvert une porte, on montera à l'assaut, non seulement sur un point, mais sur tout le pourtour, il ne sera plus question de défendre la brèche, mais bien toute l'enceinte, car les tirailleurs couleront entre le terre-plein et le mur et porteront l'alarme partout. Une brèche, au contraire, faite à un revêtement qui a un terre-plein contigu, n'ouvre qu'une batterie; elle n'ouvre qu'une face, elle n'en ouvre que 10, 20, 30 toises; les terres ne s'éboulent pas de suite, et il n'est aucune brèche qui ait été rendue praticable par le canon seul : il faut que les sapeurs, les mineurs viennent les régaler, ce qui, par contre, donne le temps à la garnison d'en déblayer le pied, de la couvrir de chevaux de frise, de chariots, de bûches enflammées : enfin, il reste constant aux yeux de toute la garnison que ce n'est qu'une seule porte à défendre. Le reste de l'enceinte n'a reçu aucune diminution de force et de confiance. Que de places on n'a pas pu prendre par la brèche et à qui l'on donnait l'assaut seulement pour avoir l'occasion de les escalader par les endroits les plus opposés !

6° Le retranchement intérieur est une chose indispensable. Vauban et Cormontaingne l'ont également recommandé. Vauban a jugé inutile de faire le retranchement sur tout le pourtour de la place, qu'il suffisait d'y travailler aussitôt que le point d'attaque était décidé. Ce système peut être fautif, mais rien n'est plus facile que d'y remé-

*

dier, il suffit d'isoler les bastions des courtines par un
fossé et d'avoir à la gorge du bastion un retranchement
qui domine le bastion. Dans beaucoup de places, on a
construit des casemates défensives pour corps de garde,
à la gorge des bastions.

*
* *

Objections contre le système. — On a déjà fait connaître
les défauts du fossé à contre-pente, l'utilité et la nécessité
d'un chemin couvert, l'avantage d'un glacis qui couvrît
les maçonneries de la place. Le système de Carnot ayant
d'autant plus besoin de couvrir ses maçonneries qu'il ne
donne au fossé que douze pieds, a établi un couvre-face.
Ce couvre-face n'est pas revêtu ; les demi-lunes qui cor-
respondent au couvre-face devant contenir infanterie et
cavalerie, n'ont aucune escarpe non plus ; on arrive ainsi
au pied des couvre-face et demi-lune, au fond du fossé à
contre-pente, sans éprouver d'obstacles. On monte dans
les demi-lunes ou sur les couvre-faces sans obstacles,
puisqu'il n'y a ni revêtement, ni palissades, ni fraises.
Les feux du front étant contre-battus et déjà en partie
éteints par les batteries d'attaque, on conçoit la facilité de
s'abriter au fond de ces fossés contre quelques restes de
feux de flancs, et de se loger dans les demi-lunes ou dans
les couvre-faces. Ces couvre-faces et les demi-lunes, qui
sont de même nature, ne doivent pas être armées et ne
doivent être défendues que par l'artillerie de rempart.
Sur la ligne magistrale de la place doit être toute la défense de la place et, cependant, il n'y qu'une escarpe de
24 et de 12 pieds. Il n'y a aucune casemate, tandis qu'au
retranchement intérieur, qui ne doit être défendu que
pour capituler, il y a une escarpe de 36 pieds et des casemates. Il y a contradiction dans ce système. La force
principale doit être celle de la ligne magistrale. La facilité de se loger dans les demi-lunes, sur les couvre-faces
et même sur l'enceinte, est très grande. Aux demi-lunes

et couvre-faces il n'y a pas d'escarpe ; à l'enceinte, il y a
une escarpe, mais une fois franchie en un point, c'est
comme s'il n'y en avait point ailleurs. Le logement se
fera donc sur tous ces ouvrages, où, s'abritant du parapet
même en profitant du talus extérieur et en se logeant à la
fois sur une grande étendue du front, ce ne sera pas le
feu des casemates, qui tirent sans voir, qui pourra être
d'aucun effet. La fusillade de l'infanterie logée derrière
le parapet des bastions éteindra les feux des casemates
qui sont absolument mal entendues.

*
* *

Ce système est donc tout à fait contraire à toute l'expérience de la guerre et de nos armes. Une place fortifiée
d'après ce système n'inspirerait aucune confiance et ne
pourrait être considérée que comme un camp retranché
ou une fortification de campagne. Il faut donc des chemins
couverts, des glacis, des contrescarpes, de bonnes demi-
lunes, de bonnes places d'armes rentrantes, il faut que
les terres s'appuyent sur les revêtements, et non pas que
l'escarpe soit placée comme une ligne de palissades. Rien
n'empêche de placer un peu en arrière les parapets des
bastions. Il faut que les demi-lunes et les bastions forment
une première enceinte, et que les courtines, avec les re-
tranchements à la gorge des bastions et séparés par un
fossé, forment le réduit ou retranchement. Il faut que les
casemates soient placées sur les flancs comme le point
dont le feu est le plus difficile à éteindre, et le point qui,
battant le fossé, le chemin couvert, etc., rend le couron-
nement du chemin couvert, le passage du fossé impossible tant qu'on n'en a pas éteint le feu. Cela n'est pas
nouveau, car, dans les places construites depuis 300 ans,
on trouve des flancs casematés à deux ou trois étages.

L'expérience a prouvé qu'en établissant une casemate
tout le long de l'escarpe, on a une économie de construction, une grande quantité de souterrains, des créneaux

qui tirent sur le fossé, et, lors de la brèche, le premier
mur abattu n'ouvre point la place, il faut ouvrir le
deuxième. Comme dans presque toutes les places il y a
un point d'attaque, on peut chercher les moyens de forti-
fier ce point. Il n'en est pas de meilleur que des cavaliers
casematés, qui donnent un étage de feux, plongent sur
l'intérieur des tranchées, retardent le cheminement et
offrent un réduit qui rend impossible l'assaut lorsque la
brèche est faite au bastion ; c'est dans ce cas que ces cavaliers doivent être rattachés à une deuxième enceinte ou
retranchement, mais ils servent à la première ; enfin, les
casemates à feux de revers placées dans les rentrants, qui
peuvent contenir des obusiers ou des pièces de petit calibre, sont un surcroît de défense bien autrement certain
que les batteries circulaires des casemates du système de
M. Carnot. La guerre souterraine, devant avoir spéciale-
ment pour but d'inquiéter et de détruire les batteries de
brèche, doit avoir pour base la ligne de la contrescarpe.

Il est fâcheux de voir dans un ouvrage demi-officiel des
principes aussi erronés (b). M. Carnot propose de laisser
subsister les faubourgs. Cette opinion seule rend ce livre
plus dangereux qu'utile, car elle flatte l'intérêt de toute
la population. Il propose d'environner les cinq faubourgs
de Lille par un retranchement de 5 à 6 000 toises de
pourtour : il est difficile de présenter une idée plus fu-
neste. Que d'hommes ne faudrait-il pas pour défendre une
pareille enceinte de campagne! on y serait forcé comme
on l'a été constamment dans toutes les lignes, on y per-
drait une partie de la garnison, une partie du matériel et,
probablement, en cinq ou six jours et sans même qu'elle
fût bloquée, la place tomberait. Carnot présente un profil
pour ce camp retranché : ce profil n'est pas à l'abri d'un
coup de main. Lorsque les trois saillants de son tracé
auraient, pendant douze ou quinze heures, été battus par

200 pièces de 8, de 12, obusiers et petits mortiers, le feu se serait éteint et les troupes s'y logeraient sans résistance dans le temps que les forces ennemies seraient disséminées dans toute l'enceinte, parce que partout l'ennemi serait menacé et canonné. La muraille crénelée serait en partie démolie par les plongées des pièces de 12 et les obusiers, dominée d'ailleurs par les parapets aussitôt qu'on y serait arrivé. Il serait préférable de placer cette muraille au fond du fossé ; tant qu'elle existerait, on serait alors à l'abri d'un coup de main.

*
* *

Il est dans cet ouvrage une idée plus extravagante : c'est celle de placer toutes les munitions de guerre et de bouche d'une place forte dans un camp retranché, afin que, la place une fois prise, le camp puisse se défendre encore longtemps (c). On voit que M. Carnot n'a aucune expérience de la guerre et qu'elle n'a été pour lui l'objet d'aucune réflexion profonde. Un camp retranché est une mauvaise défense contre nos armes actuelles. On y serait foudroyé par les batteries croisées qui en rendraient tous les points inhabitables, on recevrait la mort sans la pouvoir donner, et le plus court parti serait d'en sortir la baïonnette en avant pour faire une trouée. Contre nos armes actuelles, il n'est aucune fortification à l'abri d'un coup de main. Si elle n'a un grand commandement, si elle n'est précédée d'un large et profond fossé et battu dans son pourtour par des feux de flancs, si ce fossé n'a pas une escarpe et une contre-escarpe en maçonnerie, ou en bois (ou en tuf, mais d'une nature telle qu'il soit impossible d'y grimper sans échelle), aucun ouvrage en terre, à moins qu'il ne soit couvert par un large fossé d'eau, ou bien que les terres permettent de les soutenir sous un angle très obtus, et ne soit soutenu par des fraises ou palissades, ne peut être censé à l'abri d'un coup de main, c'est-à-dire à l'abri de l'attaque d'un corps d'armée ayant un équipage de campagne et pouvant disposer de 60 à 80 bouches à feu (surtout du 12, ou d'obusiers). Les idées de Carnot ne sont pas claires sur la question importante de la ligne de démarcation qui sépare ce qui peut être attaqué sans canons de 24 et sans mortiers, et ce qui peut être attaqué sans siège en règle, mais seulement avec des pièces de 12 et des obusiers. Dans les cas même que Carnot propose, d'environner Anvers par une enceinte de 10 000 toises, pour mettre les chantiers à l'abri du bombardement, il est préférable de le faire par des forts isolés, parce que la prise d'un fort n'entraîne pas celle de toute l'enceinte et qu'un fort se défend jusqu'au dernier moment, sans être susceptible d'éprouver une terreur panique, parce que tous les points de son enceinte sont sous les yeux de la garnison.

*
* *

Il paraît que Carnot a cherché les moyens d'augmenter la défensive et de la proportionner à l'offensive. Il a suivi une fausse trace : les recherches à faire sur ce sujet sont dans le système des contre-attaques, tracées à quelque distance de la place, protégées par le feu des remparts et des ouvrages. Un ouvrage qui permet de placer une batterie sur les flancs d'une attaque, l'arrête, favorise une sortie qui permet de détruire les travaux, oblige l'ennemi à retarder ses travaux contre la place pour s'occuper de ce nouvel ouvrage de campagne ; les habitants de la ville, les paysans, peu propres à la guerre, le sont extrêmement à travailler à ces ouvrages et à aider ainsi toutes les troupes de la garnison.

11. Quelques mots sur les fortifications. Idées. Améliorations.

Le tracé de Cormontaingne avec les changements suivants : 1° une ligne magistrale non revêtue ; mais au lieu d'avoir 6 toises depuis la crête du parapet jusqu'au fond du fossé, elle en aurait 7, 8, ce qui lui donnerait un commandement considérable ; 2° le fossé plein d'eau, à 6 pieds, dès lors, point de contrescarpe : au flanc, deux rangs de canons qui défendent le fossé ; 3° en avant de cette ligne magistrale, une contre-garde devant les faces se liant avec une tenaille. Cette contre-garde n'aurait que 5 toises d'escarpe et, dès lors, couverte par le glacis et pas vue de la campagne. Elle serait casematée et contiendrait autant de pièces de 24 que possible, qui ne seraient démasquées et ne tireraient que pour s'opposer aux batteries de brèche ; 4° en avant de cette contre-garde, un fossé qui régnerait tout autour de la place ; 5° au chemin couvert, les traverses casematées et crénelées.

Armement. — Les flancs de la ligne magistrale seraient armés de pièces de 24 pour pouvoir tirer de loin dès les premières périodes du siège. Il n'y aurait pas d'autres pièces de canon sur la ligne magistrale, mais 3 obusiers de 8 pouces au saillant du bastion tirant sur la capitale, 3 mortiers de 8 pouces derrière. Enfin, tous les chemins couverts seraient garnis de mortiers de 5 pouces 6 lignes et de 4 pouces, soit entre les traverses, soit dans la traverse même. Par ce moyen, toutes les pièces seraient en réserve, le plein fouet, les bombes, les ricochets n'atteindraient que les obusiers et les mortiers à la dernière période du siège. La double batterie des flancs, celle casematée de la contre-garde, une casematée de 3 bouches à feu à l'extrémité de la tenaille, la demi-lune et la pièce magistrale seraient couvertes de pièces contre la batterie de brèche, pour l'empêcher de s'établir. A cet effet, la demi-lune et la ligne magistrale ne seraient armées que du calibre de 12 ou 16, sur affûts à larges jantes, qui n'eussent besoin d'aucun travail pour se mettre en batterie, en sorte que tout le front attaqué pût être armé en une heure. Point d'embrasures, point de plates-formes. Les grosses pièces en batteries casematées et dans les flancs.

On prétend obtenir ces trois résultats : 1° rendre plus difficile, plus meurtrier et beaucoup plus lent le cheminement de la 1re à la 2e, et de la 2e à la 3° parallèle ; 2° rendre plus difficile, meurtrier, etc., la construction des batteries de brèche et effet contre la contre-garde ; 3° rendre plus difficile la brèche à la contre-garde et le logement ; 4° quand elle sera faite et l'ennemi logé, il aura le passage d'un fossé plein d'eau courante à faire et à éteindre le feu de la ligne magistrale et à l'escalader. L'escalade sera difficile parce que le talus ne sera que de 45°, bien damé et couvert de gazons, parce qu'il sera couvert de toiles, de chausse-trapes, haies vives, etc. ; qu'enfin on trouvera au centre des bastions, pour repousser l'assiégeant, des réduits en maçonnerie qui permettront les retours offensifs, de sorte qu'on culbutera l'ennemi dans le fossé, manœuvre d'autant plus avantageuse que l'ennemi n'a débouché que par un pont. Enfin, on ne croit pas que cette place fût d'une construction plus chère que celles du système actuel. L'armement serait plus considérable, mais, en partie, de petites pièces qui pourraient être toutes en fer, hors quelques divisions de pièces de campagne. Cette place aurait l'avantage que le fossé sec, entre la contre-garde et le chemin couvert, pourrait être rempli d'eau lorsqu'on le jugerait à propos. On évalue la défense de cette place, indépendamment qu'elle rend plus avantageuses les sorties, sous la protection de cette grande quantité de feux verticaux, à plus du double de la durée des sièges actuels et l'on pourrait arriver ainsi à 70 ou 75 jours.

*
* *

Les ingénieurs se sont en vain épuisés en recherches pour trouver des moyens pour prolonger la défense. Les différents systèmes des tracés, les casemates, etc., tout a été reconnu insuffisant, et ne pouvoir prolonger avec de grandes dépenses la défense que de quelques jours de

plus. On a considéré comme privilégiées les places situées
au milieu d'inondations, et, lorsque ces places n'étaient
point attaquables que par les digues, elles ont, à peu
près, été considérées comme imprenables autrement que
par famine ou pendant l'hiver (gelée). La force de Man-
toue, de Dantzig, d'une grande partie des places de la Hollande est tout entière dans les inondations. Strasbourg,
Lille et presque toutes nos grandes places tirent parti pour
leur défense de leurs inondations, mais ces inondations
ne couvrent qu'une partie de leur enceinte et laissent à
découvert les fronts d'attaque. On a proposé d'étendre ce
moyen de défense reconnu le plus efficace en employant
le moyen des pompes, soit celles ordinaires, soit celles à
feu. Chasseloup, après avoir épuisé toutes les ressources
de l'art à la citadelle d'Alexandrie, voulant accroître encore sa défense, a imaginé de pratiquer une inondation
qui s'étend à 150 toises tout au pourtour de la citadelle.
Il a éclusé à cet effet le pont du Tanaro, ce qui a coûté
plus d'un million, il a ensuite préparé tout le local autour
de la circonvallation pour recevoir et soutenir ladite inondation. N'aurait-on pas pu pratiquer le même moyen par
des pompes qui auraient élevé l'eau du Tanaro (d)? Un
front à l'étendue de près de 200 toises, pour l'inonder à 150
toises de distance, ce qui fait 300 000 toises carrées, et,
en supposant que l'on veuille les eaux généralement à
4 pieds, cela exigerait 200 000 toises cubes d'eau. On
demande combien il faudrait de pompes ordinaires et de
pompes à feu pour produire ladite inondation dans une
semaine, en supposant qu'il faille élever les eaux à 30
pieds. Bélidor parle de deux machines à chapelets qui,
mues par 8 hommes, élevaient 28 toises par heure, ce
qui fait, par 24 heures, 672. Avec ce simple moyen, 30
jours suffiraient donc pour l'inondation ci-dessus (e). Dans
les places de l'Italie, de la Provence, de l'Espagne, qui
ne sont pas exposées aux gelées, de tels moyens seraient
efficaces et peu coûteux. Il ne serait plus nécessaire de

construire à grands frais des escarpes et contre-escarpes ; de simples ouvrages en terre seraient suffisants et couverts par de grandes inondations. Une partie des fronts de Toulon est couverte par des inondations, une autre partie ne peut l'être par des moyens ordinaires, mais pourrait l'être par d'artificiels ; Antibes et presque toutes les places au bord de la mer, celles situées sur de grandes rivières, etc. Ces moyens, appliqués à Alexandrie, indépendamment de la citadelle, auraient pu épargner 30 millions qu'a coûtés cette place, car l'ancienne enceinte, couverte par une inondation artificielle, eût été suffisante. Une fois l'inondation tendue, l'entretien serait de peu d'importance. Pour avoir une idée nette, il faudrait sans doute calculer ce qu'il en coûterait pour pompe, pour charbon, ou bras d'hommes à chaque tendue d'inondations. Ce moyen serait efficace également pour les fortifications de campagne pour avoir sur-le-champ un fossé plein d'eau, le meilleur obstacle pour mettre une redoute ou un camp retranché à l'abri d'un coup de main. Supposez un camp, ou tête de pont de 1 500 toises d'étendue, avec un fossé de 20 pieds de large et 6 pieds de profondeur, ce qui fait 3 600 toises cubes d'eau, comme on ne peut pas ici appliquer les pompes à feu, savoir combien il faudrait de temps à des pompes ordinaires à incendie pour remplir le fossé d'eau ; par ce moyen, il deviendrait très facile de mettre les petites villes, les villages à l'abri d'un coup de main.

Un pouce d'eau donne 14 pintes par minute, ce qui, dans une heure, fait 840 pintes ou 24 pieds cubes, et, dans 24 heures, 576, ce qui fait 2 1/2 toises cubes. Un filet de 10 pouces donnerait donc par jour 25 toises cubes. 100 pouces d'eau donneraient 250. Il faudrait quinze jours à un pareil courant pour remplir le fossé du camp ci-dessus. Il est question de connaître combien la pompe ordinaire à incendie peut donner de pouces d'eau (f).

11 décembre 1816.

Observations et éclaircissements.

a) La première série des notes de Napoléon se rapporte à *la Défense des places fortes* de Carnot, 3ᵉ édition, Paris, 1812 ; et en particulier au premier mémoire additionnel qui occupe les pages 439 à 516 de cet ouvrage.

Comme ses critiques n'ont plus qu'un intérêt rétrospectif, nous nous dispenserons d'en discuter le fond, et nous nous bornerons à insérer ci-après quelques observations d'ordre historique, en renvoyant d'ailleurs à une étude analogue insérée précédemment (*Revue du génie*, 1896, t. XII, p. 193).

b) Napoléon appelle *la Défense des places fortes* un ouvrage semi-officiel. Il avait été en effet rédigé pour servir à l'enseignement de l'École de Metz, sur un ordre exprès de l'Empereur, en date du 1ᵉʳ octobre 1809. Dans sa lettre au ministre de la guerre (*Correspondance*, t. XIX, p. 632), Napoléon, après avoir esquissé le plan de ce livre, s'exprimait ainsi : « C'est un travail complet à faire, et je crois que Carnot, ou tout autre de cette classe, serait très propre à s'en charger. J'attache une grande importance à cet ouvrage, et celui qui le fera bien méritera beaucoup de moi. »

c) C'est Vauban qui a proposé d'établir un camp retranché sous les places de guerre pour en rendre le siège plus difficile. Carnot a adopté le même moyen de défense, mais avec une modification : au lieu de faire du camp retranché un dehors de la place, se reliant avec elle, il l'éloigne à portée de canon, de manière à en former une place indépendante (*Défense des places fortes*, p. 512).

d) On trouvera au *Mémorial de l'officier du génie* (nᵒ 10, p. 237), une description, par Belmas, des travaux du Tanaro, et l'indication des économies qu'eût apportées l'emploi des pompes à vapeur, dans un ordre d'idées identique à celui qui est signalé ici par Napoléon.

e) Dans son *Architecture hydraulique*, 1887 (t. I, p. 377), Bélidor parle de deux chapelets mus par 8 hommes que l'on relève d'heure en heure, et qui élèvent par heure 5 560 pieds cubes, soit 25,5 toises cubes, ce qui correspond sensiblement aux chiffres donnés par Napoléon. Mais il ne s'agit que d'une élévation à 8 pieds et non à 30 pieds de hauteur. De plus, Bélidor déduit les chiffres ci-dessus, non de l'expérience, mais d'un calcul dont les conclusions sont très contestables, car il n'aboutirait à rien moins qu'à évaluer au taux de 70 kgm par seconde la puissance développée par chaque homme. Navier, dans son édition de l'*Architecture hydraulique*, 1819 (p. 579), estime que ces chiffres sont au moins trois fois trop forts. Les conclusions de Napoléon sont donc beaucoup trop favorables à l'emploi de chapelets mus à bras, et le chiffre de 30 jours devrait être décuplé et au delà.

f) L'emploi des eaux dans la défense des places avait préoccupé Napoléon depuis longtemps déjà. Dès 1813, il avait, par une note du 18 avril, chargé le Comité des fortifications d'étudier les conditions dans lesquelles on pourrait adapter les pompes à vapeur à cet usage. Il n'en résulta aucune conclusion pratique, ce qui n'a rien de surprenant, eu égard à l'imperfection des moyens mécaniques dont on disposait alors.

L. B.

Nancy, impr. Berger-Levrault et Cⁱᵉ.

Les Grands Cavaliers du premier Empire. Notices biographiques, par Ch. THOUMAS, général de division en retraite. — 1re série : Lasalle, Kellermann, Montbrun, les trois Colbert, Murat. 1890. Un volume grand in-8 de 521 pages, avec 4 portraits, broché. . . **7 fr. 50 c.**

— 2e série : Nansouty, Pajol, Milhaud, Curély, Fournier-Sarlovèze, Chamorin, Sainte-Croix, Exelmans, Marulaz, Franceschi-Delonne. 1892. Un volume grand in-8º de 537 pages, avec 8 portraits, broché. . . . . **7 fr. 50 c.**

— *(La troisième série est sous presse.)*

Souvenirs et Campagnes d'un vieux soldat du premier Empire (1803-1814), par le commandant PARQUIN. Avec une introduction par le capitaine A. AUBIER. 1892. Un vol. in-8 de 430 pages, avec un portrait, broché. **6 fr.**

Le Général Curély. Itinéraire d'un cavalier léger de la Grande-Armée (1793-1815). Publié d'après un manuscrit authentique, par Ch. THOUMAS, général de division en retraite. 1887. Un volume in-12 de 448 pages, avec portrait et fac-similé. . . . . **3 fr. 50 c.**

Lasalle. D'Essling à Wagram. Correspondance recueillie, et publiée avec notes biographiques par A. ROBINET DE CLÉRY. 1892. Beau volume in-8, avec 13 gravures, une carte et un tableau généalogique, broché . . . . **5 fr.**

Le Général Auguste Colbert (1793-1809). Traditions, souvenirs et documents touchant sa vie et son temps. Recueillis par son fils, le marquis de COLBERT-CHABANAIS. 2e édition. 1882. 3 volumes in-12, brochés. . . . . **12 fr.**

Souvenirs militaires (1805-1848), par A. THIRION, de Metz. 1892. Vol. in-12, broché. **4 fr.**

Souvenirs militaires d'un officier du premier Empire (1795-1832), par J. N. A. NOEL, chevalier de l'Empire, colonel d'artillerie. 1896. Un volume grand in-8, avec un portrait, une gravure et 7 cartes ou plans, broché . . . . **6 fr.**

Trois Colonels de hussards au XVIIIe siècle : Le marquis de Conflans, le comte d'Esterhazy, le duc de Lauzun, par le capitaine Henri CHOPPIN. 1896. Broch. gr. in-8. . . **1 fr.**

Deux Officiers français au XVIIIe siècle. Mémoires et correspondance du chevalier et du général de la Farelle, publiés par E. LENNEL DE LA FARELLE. 1896. Beau volume grand in-8 de 459 pages, sur papier de Hollande, avec portraits en couleurs, broché. . . **7 fr. 50 c.**

Grands Artilleurs. Drouot, Senarmont, Éblé, par Maurice GIROD DE L'AIN, capitaine d'artillerie. 1894. Beau volume in-8 de 465 pages, avec 4 portraits, broché . . . . . . **8 fr.**

(Couronné par l'Académie française.)

Gribeauval, lieutenant-général des armées du Roy, premier inspecteur général du corps royal de l'artill. (1715-1789), par le lieut.-col. HENNEBERT. 1896. Un vol. in-8. . **2 fr. 50 c.**

L'Espionnage militaire sous Napoléon Ier. Ch. Schulmeister, par Paul MULLER. 1896. Un volume in-12, broché . . . . **3 fr.**

Rosbach et Iéna. *Recherches sur l'état physique et intellectuel de l'armée prussienne pendant l'époque de transition du XVIIIe au XIXe siècle,* par le baron COLMAR VON DER GOLTZ. Traduit par le commandant CHABERT. Nouvelle édition. 1896. Un volume in-8 de 493 pages, avec 2 plans coloriés, broché. . . . . **5 fr.**

Russes et Prussiens. Guerre de Sept ans, par Alfred RAMBAUD, ministre de l'instruction publique. 1895. Un beau volume in-8, de 400 pages, avec 10 dessins d'uniforme, par Henry GANIER, 4 cartes et 7 plans de batailles, broché sous couverture illustrée. . **10 fr.**

La Guerre serbo-bulgare de 1885. Combats de Slivnica (17, 18 et 19 novembre), par le colonel REGENSPURSKY, de l'armée i. et r. austro-hongroise. Traduit de l'allemand par le lieutenant BARTH, du 54e régiment d'infanterie. — Un volume in-8 de 236 pages, avec 2 cartes et 3 tableaux, broché . . . . **5 fr.**

Trente ans de la vie militaire, par le capitaine H. CHOPPIN. 1891. Volume in-12, avec illustrations par E. GRAMMONT, broché. . . . . **3 fr.**

Souvenirs de la guerre de Crimée (1854-1856), par le général FAY, ancien aide de camp du maréchal Bosquet. 2e édition. 1889. (Mention honorable de l'Académie française, concours Thérouanne 1890.) Volume in-8, avec 1 planche et 3 cartes, broché. . . . . . **6 fr.**

Lettres du Maréchal Bosquet (1830-1858). 1894. Volume in-8 de 408 pages, avec portrait en héliogravure, broché . . . . **5 fr.**

Lettres d'un zouave. De Constantine à Sébastopol, par Amédée DELORME. 1896. Un volume in-12, broché sous couverture illustrée . . . . **3 fr. 50 c.**

Journal d'un officier de l'armée du Rhin, par le général FAY. 5e édition, revue et augmentée. 1889. Un volume in-8 de 410 pages, avec une carte, broché . . . . **5 fr.**

Les Transformations de l'armée française. Essai d'histoire et de critique sur l'état militaire de la France, par Ch. THOUMAS, général de division en retraite. 1887. 2 volumes grand in-8, brochés. . . . . **18 fr.**

L'Empereur Guillaume, par Louis SCHNEIDER. Souvenirs intimes, revus et annotés par l'Empereur sur le manuscrit original. Traduit de l'allemand, par Ch. RABANY. 1888. 3 beaux volumes grand in-8, avec fac-similé, brochés. . . . . **24 fr.**

La plus grande partie de l'ouvrage est consacrée aux campagnes de 1866 et de 1870-1871.